The Guardian

sudoku

100 original puzzles

BOOK 1

Guardian Books
London

First published in 2005 by Guardian Books.

Copyright © Nikoli in association with Puzzler Media Limited 2005
Introduction copyright © Tim Dowling 2005

The Guardian is a registered trademark of the Guardian Media Group Plc.
Guardian Books is an imprint of Guardian Newspapers Ltd.

10 9 8 7 6 5 4

A CIP catalogue record for this book is available from the British Library

Printed in Great Britain by Mackays of Chatham, plc
Design by Rich Carr

Distributed by Grove Atlantic Ltd
Ormond House
26-27 Boswell Street
London WC1N 3JZ

Introduction by Tim Dowling

I was out of the country when the whole Sudoku thing hit. I talked to a few people on the phone while I was away, but no one mentioned that the nation was in the grip of Japanese number-puzzle fever. I returned home to find a Sudoku puzzle on every page of the Guardian's G2 section, but I still wasn't tempted. I'm not in the market for any more pointless obsessions. I've got plenty of those, thanks.

A week later I am sitting in the bath, letting the water go cold and talking to a little square. I am saying to it: 'You can't be a 1 or a 2, but you can be a 3. But not a 4. Or 5.' I am speaking to it slowly and calmly, as one would a child, but an impatient edge is beginning to creep into my voice. 'You could be a 6 or a 7, though. Or an 8. I'll come back to you.'

It started with the Monday's puzzle, a triumph which I made the mistake of mentioning to someone on the phone. 'They get harder as the week goes on,' he said. 'Mondays are easy.' I fished the Friday's paper out of the recycling. The puzzle appeared to be faulty: it didn't have any nines in it. Never mind, I thought, I will deduce the position of the nines from their very absence. After two hours, though, I had pencilled in many possibilities in my tiniest writing, I had successfully placed just one number. 'You can be a 5 or a 7, or an 8,' I said to a square from the middle row. 'And of course you can be a 9, because we can all be bloody nines.' In my frustration I made a logical leap of faith, the inevitable conclusion of which was a box with four sixes in it. Eventually I got to a point where I couldn't erase any more. I now have the profound dissatisfaction of being obsessed with something I'm not very good at.

I clearly needed help, in more ways than one. Most of the Sudoku tips available online are basic strategies, the obvious stuff that has already failed me. I wanted to know what to do when the strategies don't work. I obtained an advance copy of the next day's puzzle and soon became stuck with just three numbers in place. What to do next? Should I guess, punch in numbers to see what happens?

'No,' says Dr Marcus Du Sautoy, mathematician and co-author of 'Motivic Zeta Functions of Infinite Dimensional Lie Algebras'.

'Everything is deduced, otherwise it's a bad puzzle.' Sometimes it works to try a number, 'but it's a dangerous thing to do. With a crossword if you get something wrong you can go back, but with Sudoku if you make a mistake and you don't know when you've made it, you're sunk.'

So what should I do?

'If you can deduce that a number can go in two places you may need to record that information,' he said.

Yes, yes, I'm doing that in my tiny writing.

'But I think one has to be careful about understanding one's shorthand, about whether the possibility pertains to a box or a row or a column.'

Ah.

He suggested one might even colour-code one's jottings, but I think that would be weird, or cheating, or both.

He also suggests checking at the outset to see which number appears most often. I tell him the puzzle has four twos in it. 'If you've got four twos, that would be good information about where another 2 is going to go.'

Yeah, you'd think so, wouldn't you?

I rang Dr Robin Wilson, head of pure mathematics at the Open University and Gresham professor of geometry. 'I don't do anything that anyone else doesn't do,' he says. He tends to notate the options for individual squares in tiny writing (perhaps the only mathematical technique he and I share), recording as many as three possibilities per square for the most fiendish puzzles. 'It's a Latin square-type problem, which combinatorial mathematicians have been working on for years,' he says. I feel the need to make some sort of intelligent response to this statement, so I ask him how to spell combinatorial.

A Latin square-type problem, it turns out, is like a Sudoku puzzle without the nine-digit squares. Which, naturally, seeing as it's a puzzle favoured by mathematicians, makes it much more difficult. Dr Wilson's most helpful suggestion for Sudoku is to put the puzzle down when you get stuck, and come back to it later. 'Sometimes I spot something I hadn't seen before, and the thing gets going again,' he says. I was sort of hoping for a formula.

I put in a call to Tim Preston, publishing director of Puzzler Media. 'It's particularly useful to look out for a row, column or block which is close to being full,' he says. 'Once five or six squares are filled, the remainder tend to yield quite swiftly.' Obviously, but I have to get that far first. 'Our technical guy tells me that simple Sudoku puzzles work off one rule, which is, there's always another number to find. There are three rules. The moderately difficult ones work off rule two, and the more difficult ones work off rule three, which is a lot more "if not this, then that".'

Isn't that just a leap of faith? 'You have to think a couple of steps ahead, which I think is different from a leap of faith.' Look, I can't put any numbers in my puzzle. Just tell me what to do. Give me a hint.

'A ploy which often works well,' he says, 'is to observe that two of the missing digits must fill a known pair of squares in an unknown order, thus reducing the options for the remaining empty squares and frequently leading to a breakthrough. We call this the rule of exceptions. It's also called "twins". There are variations. For example, if a digit must appear in one of three squares on a single row in a single block, then it can be discounted from other squares in the row. This is also known as "triplets".'

Yes, well, I suppose I asked for that. I struggled on with the puzzle, bearing in mind such advice as I had received. After another hour there came a small epiphany where I discovered the position of every single 3 on the grid, but this did not quite have the domino effect I imagined it would. I became stuck again. I eventually finished the puzzle a few days later, and am now in a position to offer some further small shards of advice:

1. You may find it helps to work on a larger grid and the puzzles in this book are larger than they appear in the Guardian.

2. Use a pen. Of course you can erase pencil, but this is less helpful than you might think. You shouldn't be putting a number in a square unless you know it's right anyway, and ink will inhibit you from doing anything too cavalier. With a pencil there's also always a danger that you'll erase your tiny notations without knowing it.

3. Begin methodically. Check all the ones, then the twos, then the threes, then the fours. Use the length of the pen to block out the rows and columns containing a particular number, until you find a box in which only one square remains for that number to go in. Use two pens if you have to, or even three. I would call this the Dowling Method if it hadn't failed me on so many occasions.

4. Don't get frustrated by the failure of several found numbers to lead to a breakthrough. This is exactly what the puzzle wants. Start checking the ones and twos and threes again. The next move is in there somewhere, and you will find it if you are patient.

5. Some people limit the amount of notations they allow themselves, but others go through the puzzle and scratch in every possibility for every square right at the start, and then cross out the redundant ones as they progress. Mrs Woods of Wedmore in Somerset claims that with this method she can solve a puzzle in 75 minutes or less 'regardless of difficulty'. It may sound a trifle unsporting, but that's between you and the puzzle. Nobody else has to know.

6. If you found you've made a mistake, don't panic. Just give up. If you can't give up, at least start all over again with a clean grid. But have a rest first. It's also OK to cry a little bit.

7. While guessing is generally frowned upon, it sometimes works. If you've got quite far along with the puzzle only to become hopelessly stuck, you could do worse than to pick a square which has only two possibilities - let's say you know it has to be either a 3 or a 5 - and then to try one or the other to see where it gets you. I would use a pencil for this little adventure; that way if it doesn't work out you can erase everything to do with your wrong turn and begin again, this time with a number you know has to be right.

8. Keep a scrapbook of old, solved puzzles to show your friends when they come round. If you can't tell I'm kidding, maybe it's time you took a break.

9. Computers can solve these things in a matter of seconds, so you don't have to do them if you don't want to. There isn't any worldwide backlog.

10. Remember: it's only a weirdly addictive Japanese number puzzle. Don't let it ruin your life the way it has mine.

Easy

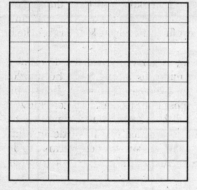

Puzzle 1

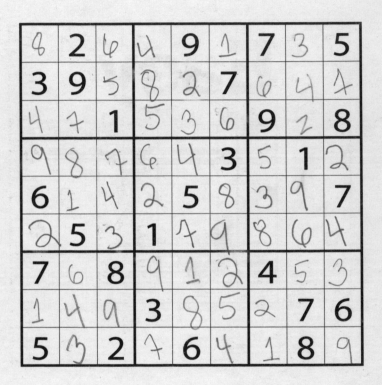

7	9				2		4	6
8				7				5
		4				1		
			5		7			3
	8						9	
6			4		3			
		7				9		
3				1				8
9	1		6				2	7

Easy

Puzzle 3

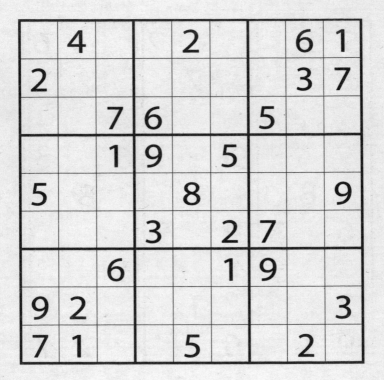

5	9							7
6	4			1			2	
		2			8	4		
			9			6		
	1			3			8	
		3			5			
		5	4			3		
	2			8			1	6
9							7	4

Easy

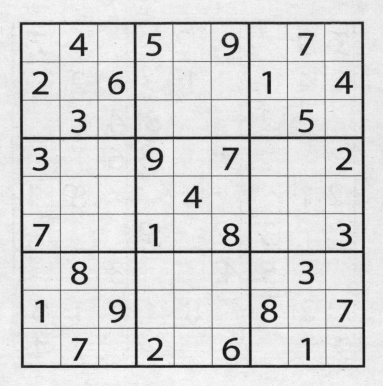

6				2				3
	3			4			5	
		5			8	1		
			6		3	4		
2	5						9	1
		7	2		9			
		2	9			7		
	4			8			6	
1				3				5

Puzzle 7

3			5			8	4	
	8	5			6			2
	9				3			6
5			6			4	9	
				7				
	2	3			4			7
4			1				8	
9			7			2	3	
	5	6			8			1

Easy

	1			6			5	
4			8		9			1
		6				4		
	9			4			8	
6			3		2			5
	2			1			6	
		3				8		
8			1		5			7
	7			2			9	

Easy

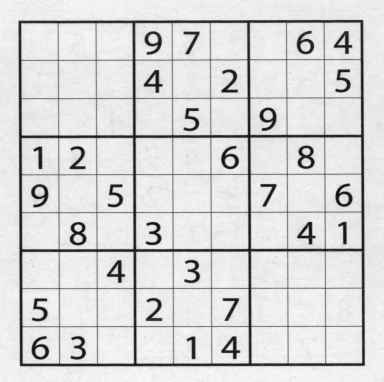

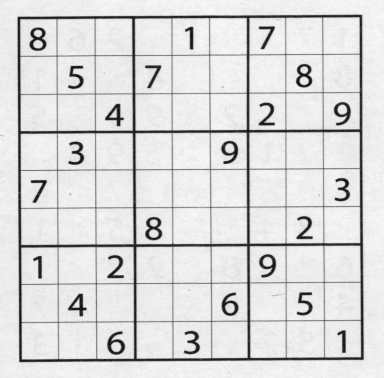

Puzzle 11

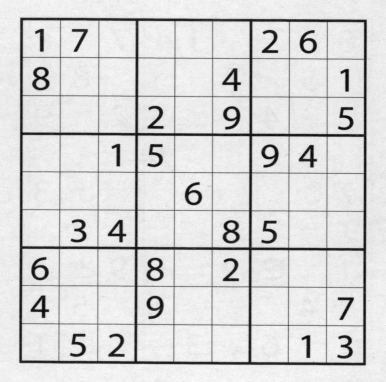

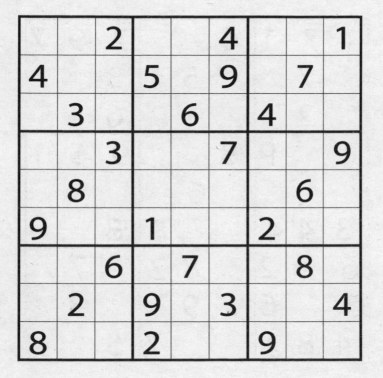

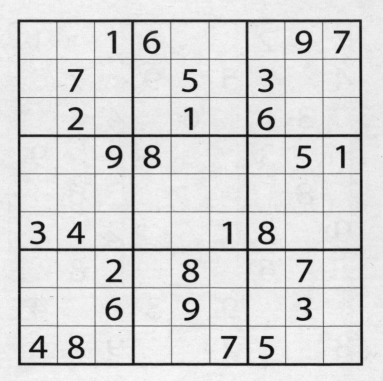

		1			4			6
	2			5			1	
5			8			4		
		7	5		8			3
	6			7			5	
9			3		2	6		
		9			3			8
	3			4			2	
7			6			9		

	3			7			5	
5			1		6			9
		1				4		
	9			5			6	
6			4		2			7
	4			1			3	
		2				8		
9			3		5			2
	1			2			7	

		7		1			8	
8			5			3		
	6				4			2
		9		4			1	
5			2		3			6
	3			5		7		
6			1				9	
		2			9			7
	4			8		6		

Easy

Puzzle 17

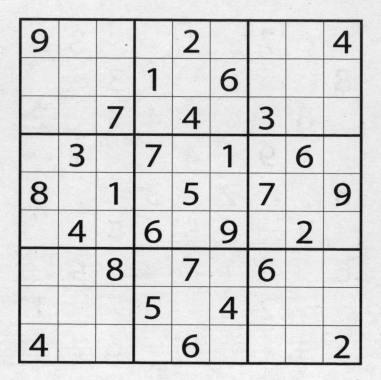

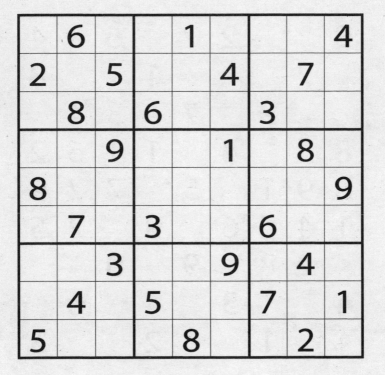

Puzzle 19

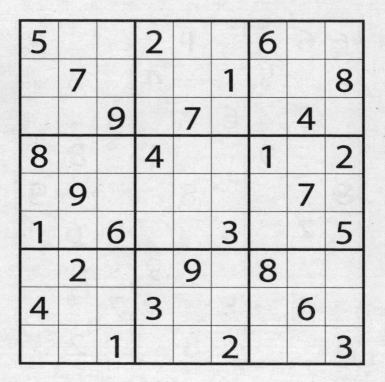

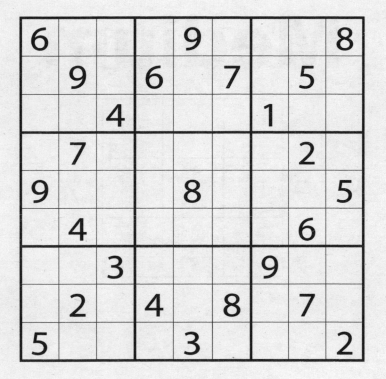

Medium

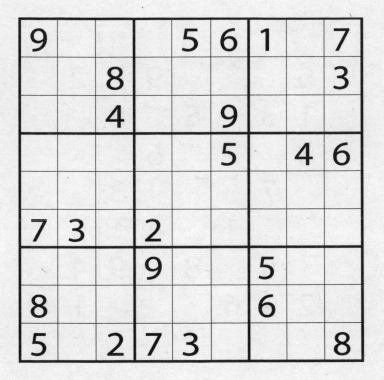

Medium

Puzzle 22

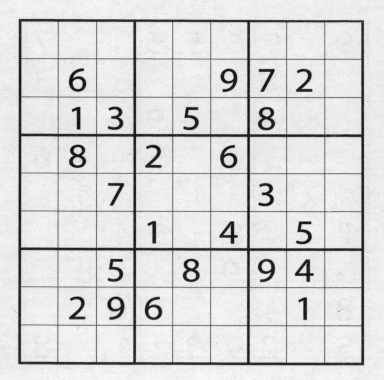

		9	6	3	8			
	3					6	2	
	6				7			4
		3	4		6			7
	7			1			9	
1			8		5	4		
6			7				8	
	2	4					7	
			3	6	2	1		

Medium

Puzzle 24

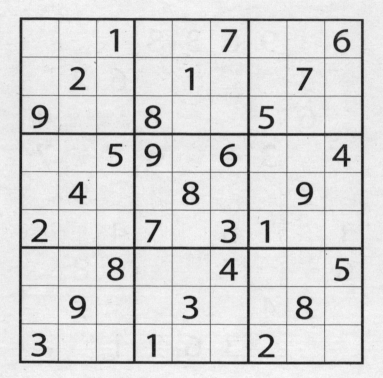

Medium

	8			2			1	
4	7						8	6
			6		4			
		1				6		
8				5				7
		3				2		
			7		1			
5	2						3	4
	3			4			7	

Puzzle 26

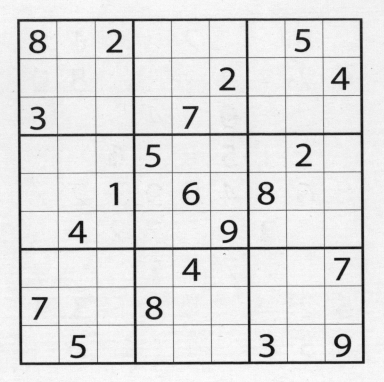

						4	6	9
	4	7	8	1			5	2
			9					
			5			1		
	6		4		9		2	
		2			7			
					5			
6	7			3	8	5	1	
3	5	8						

Medium

Puzzle 28

			9		3			
		6				5		
	8			1			4	
5			2	8				1
		3				7		
1			4		6			9
	6			5			8	
		9				2		
			7		1			

Medium

	1	2				6	5	
8			3		7			4
		4				8		
	5			4			9	
		6				1		
	7			8			2	
		8				3		
6			9		4			1
	2	1				5	4	

Medium

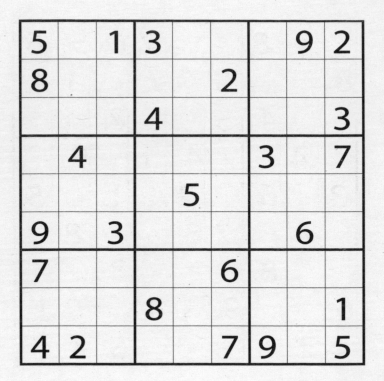

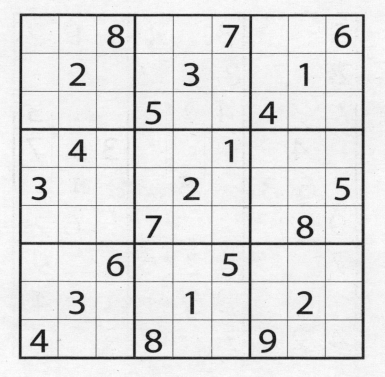

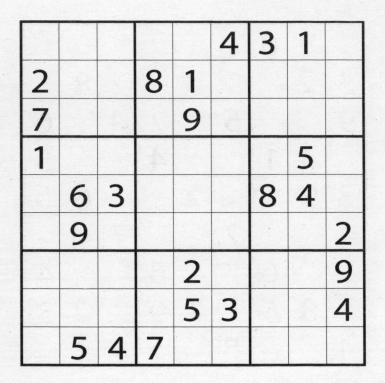

	3	6						
5			1			2	8	
9			5		7			6
		1			4			5
	9						6	
4			2			7		
1			7		8			4
	8	5			9			3
						1	2	

Medium

Puzzle 34

	4	2	1		5	6		
						7		8
6	1				3			4
3		4						6
2						1		7
4			7				6	3
8		6						
		5	6		1	4	8	

Medium

		5	4					
	6					9	8	
	7				3			6
		8		6				5
			3	5	1			
9				8		1		
7			6				2	
	8	9					3	
					5	4		

Medium

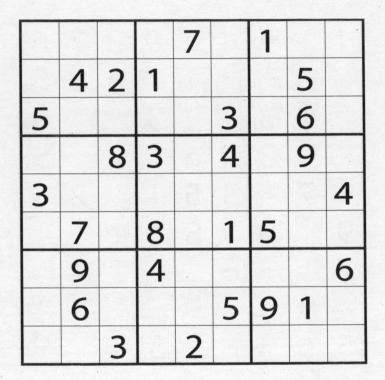

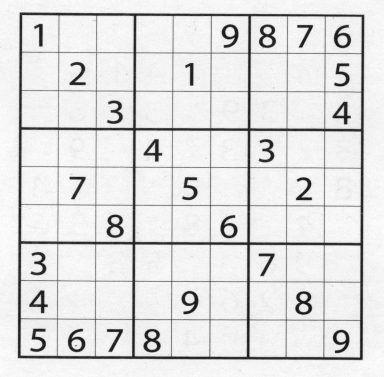

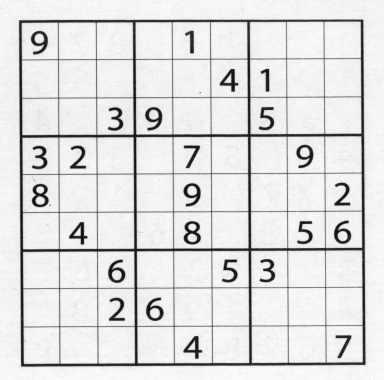

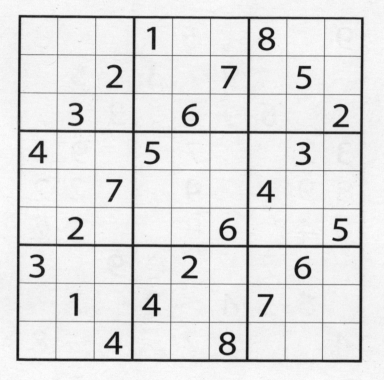

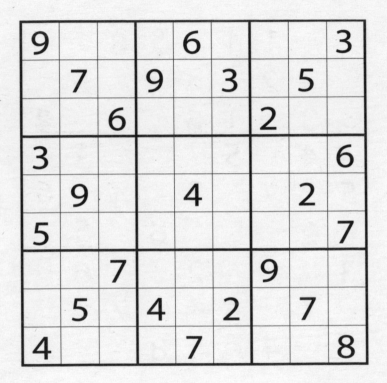

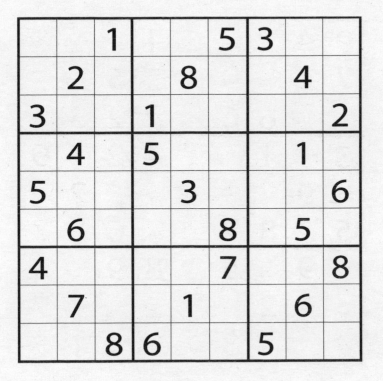

Puzzle 42

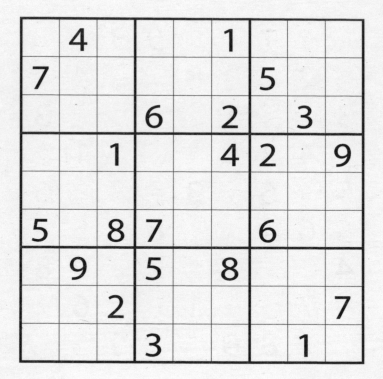

	1	7			9			
6			3			9		4
			1					6
		3				1		2
		6		2		3		
5		4				8		
4					8			
9		5			6			7
			9			2	5	

Medium

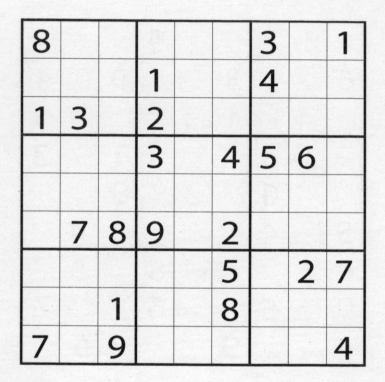

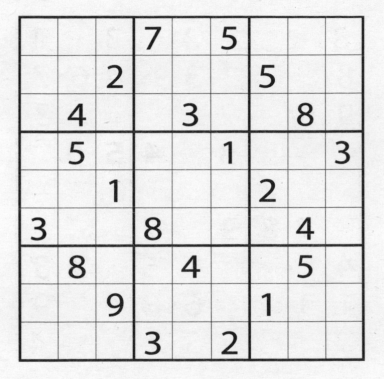

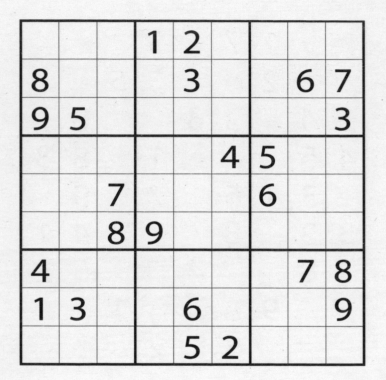

		1						
		2			5	6		
5			3	4			7	
4							8	
	3		6		7		9	
	2							1
	1			7	6			2
		9	8			5		
						4		

Medium

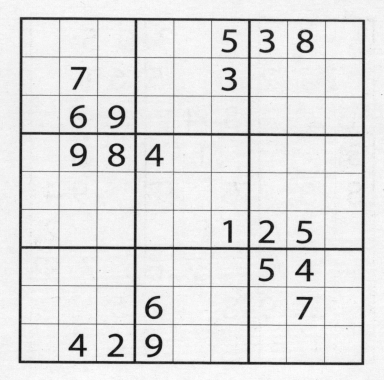

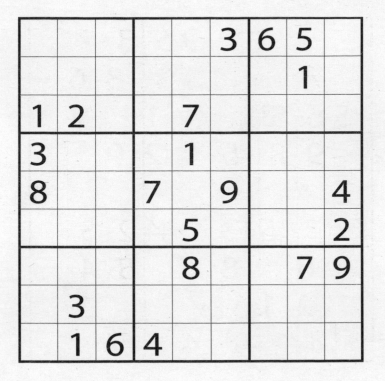

Medium

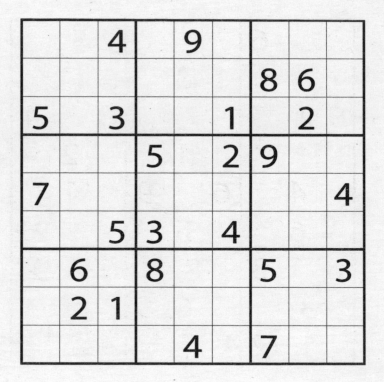

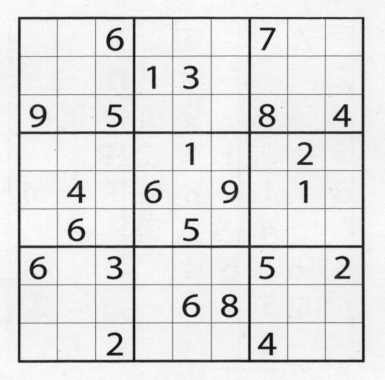

Puzzle 52

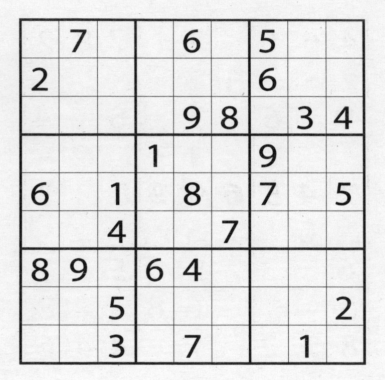

Medium

4	6			3			8	2
2								4
		8		7				
					3			
7		5	6	9	2	8		3
			1					
				5		3		
6								8
8	2			1			4	6

Medium

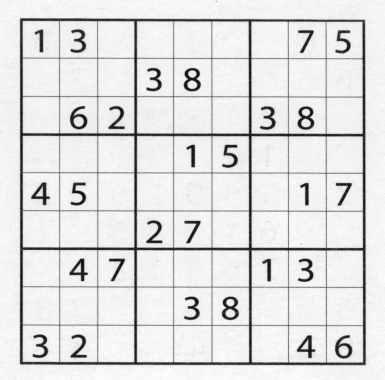

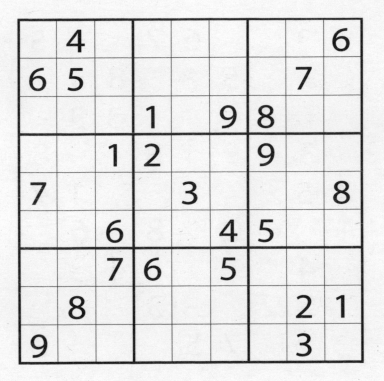

Medium

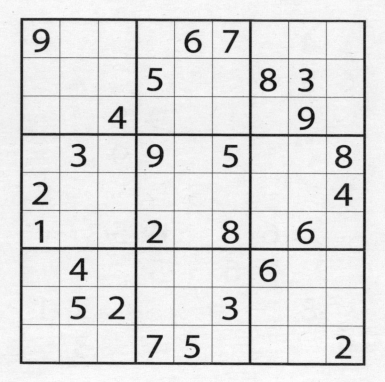

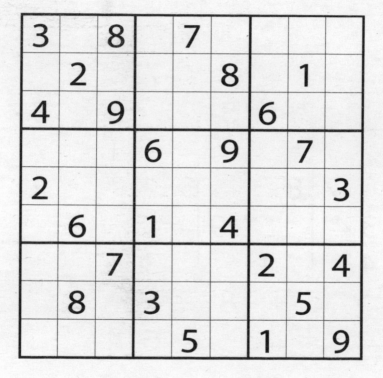

Puzzle 58

		2	1	4				
					7			
		6	5			3		8
	9					1		7
8				6				2
4		5					9	
7		1			3	6		
			8					
				2	6	4		

Medium

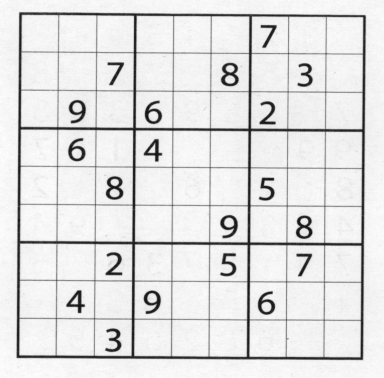

Medium

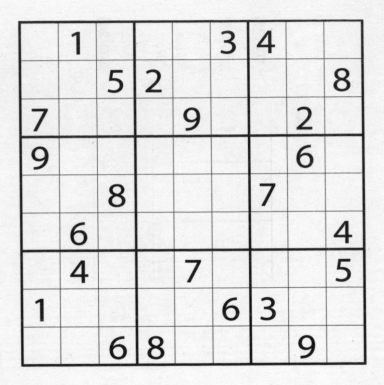

Hard

		2				8		
	3		1		7		9	
4					6			1
	5	6					2	
				9				
	7					4	5	
8			3					6
	9		2		8		7	
		1				9		

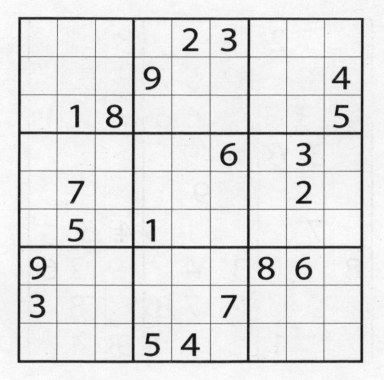

Hard

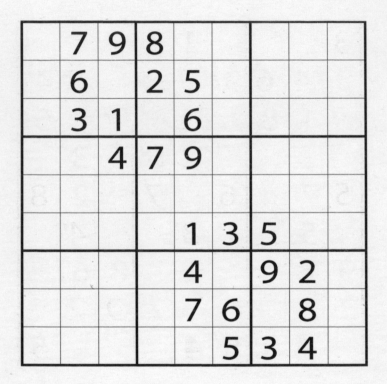

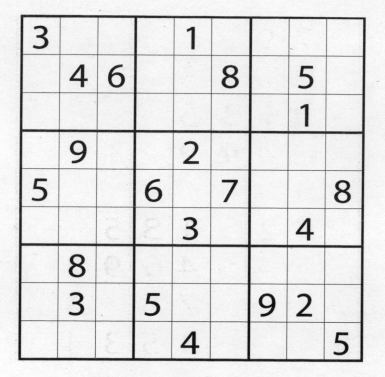

Hard

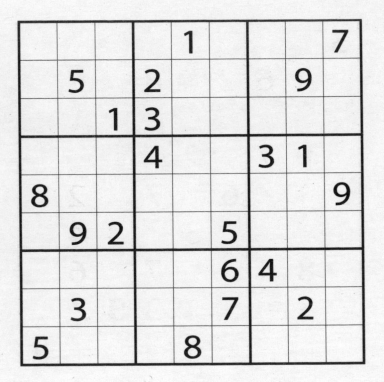

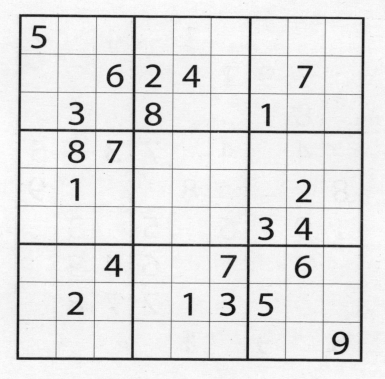

Hard

Puzzle 67

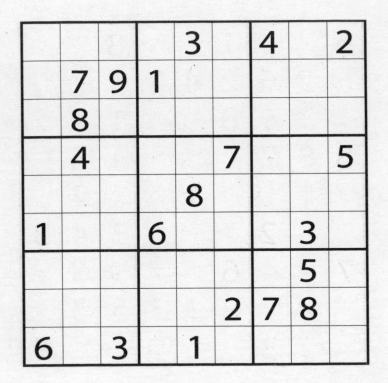

Hard

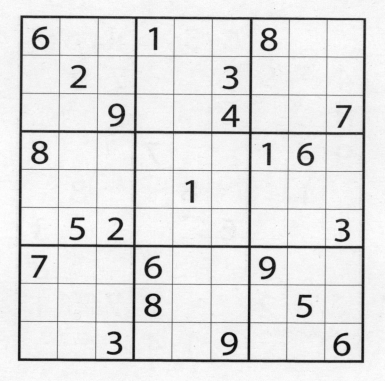

Puzzle 69

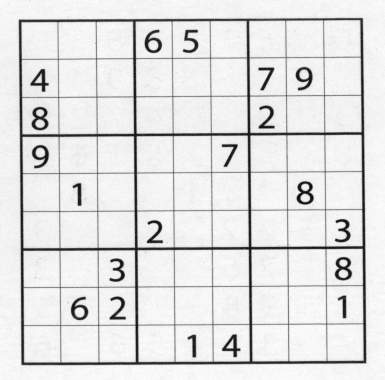

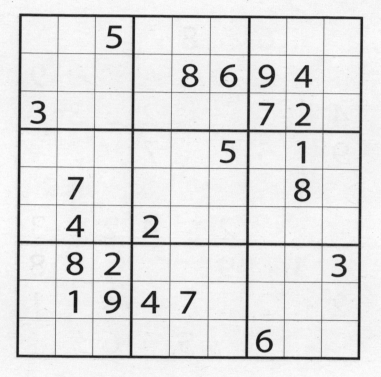

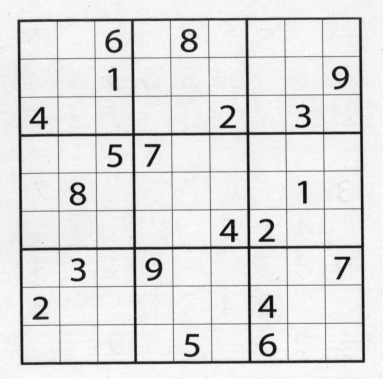

Hard

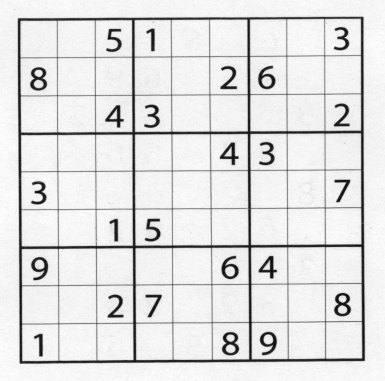

			9					
		4	5		6	9		
	3						2	
		9	3		8	6		
			7		4			
		6	2		9	4		
	7						1	
		3	9		2	8		
				4				

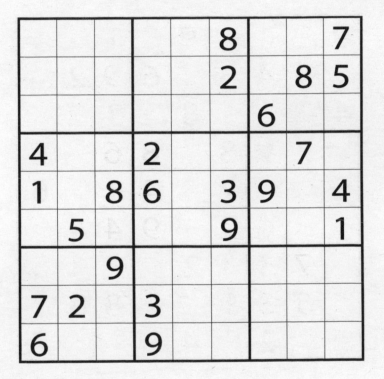

Hard

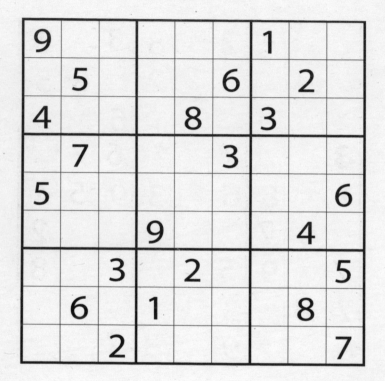

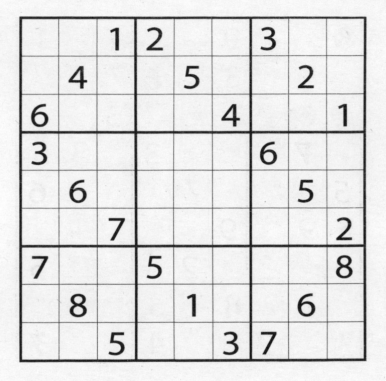

Hard

Puzzle 77

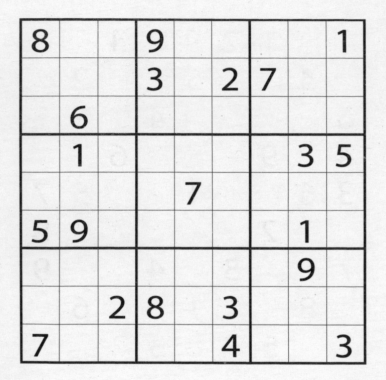

Hard

				9	2	4		
	5						3	
2			6		5			
4		9				6		
3				1				7
		2				3		8
			3		4			9
	2						6	
		1	7	8				

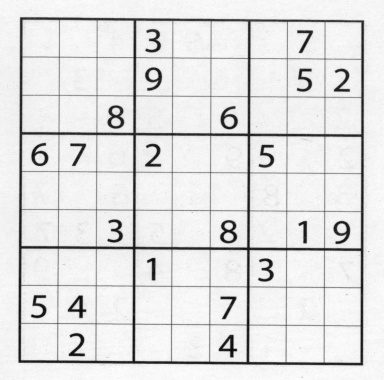

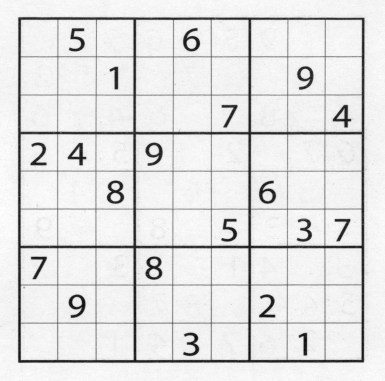

Hard

Puzzle 81

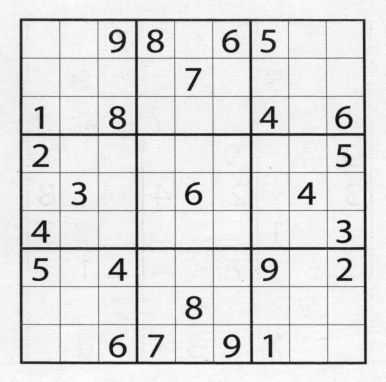

Hard

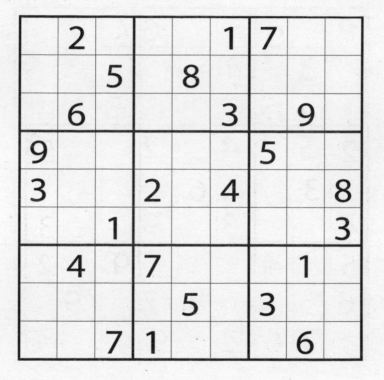

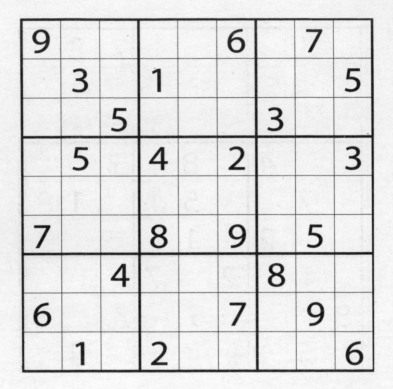

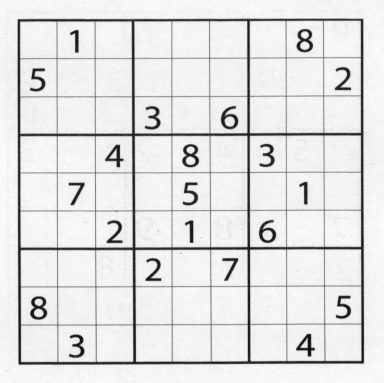

Puzzle 85

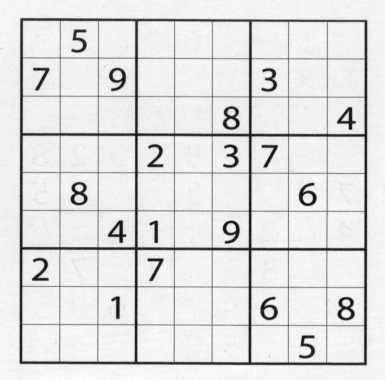

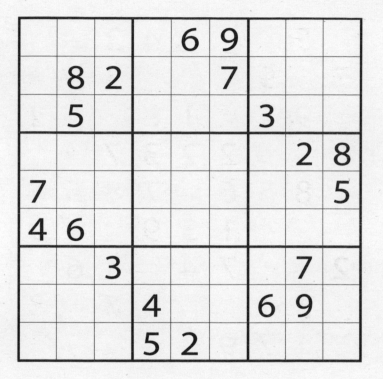

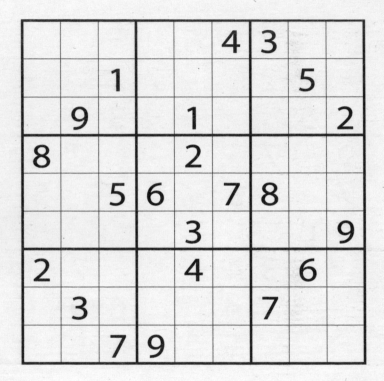

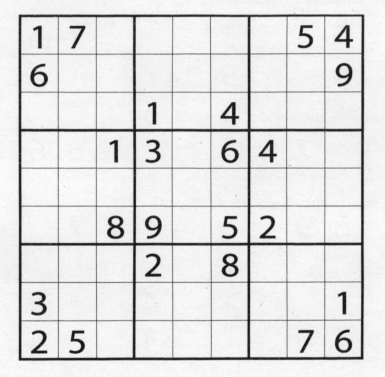

Puzzle 89

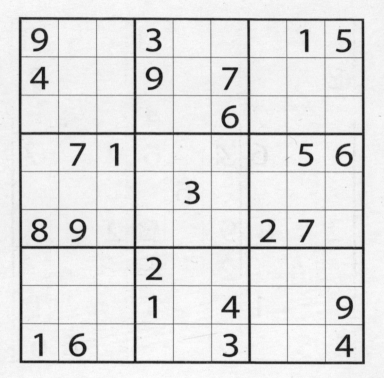

Hard

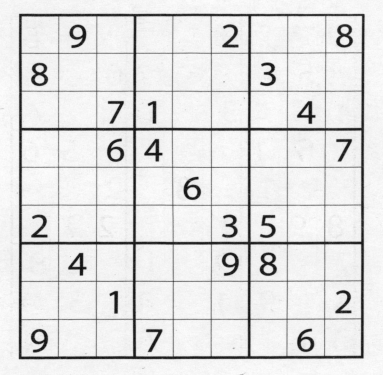

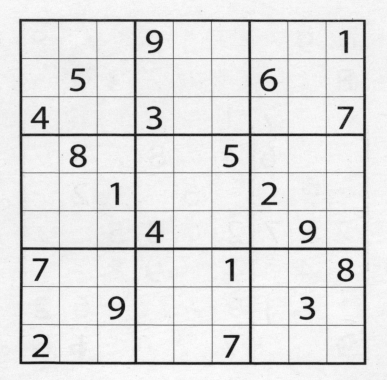

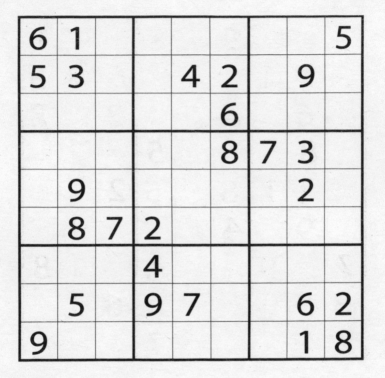

Puzzle 93

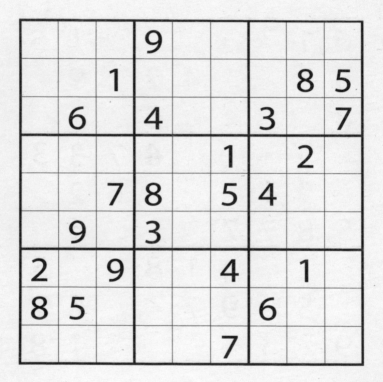

Hard

		7				9	1	
	4				3			
8			2	6				
	9				4			3
		1				8		
5			7				6	
				1	8			5
			9				7	
	2	3				4		

Hard

Puzzle 95

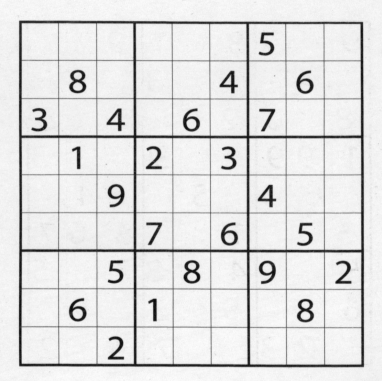

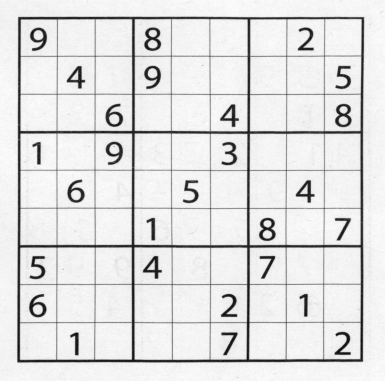

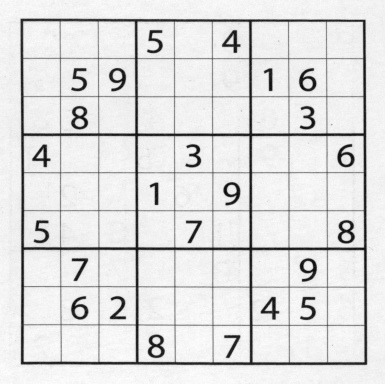

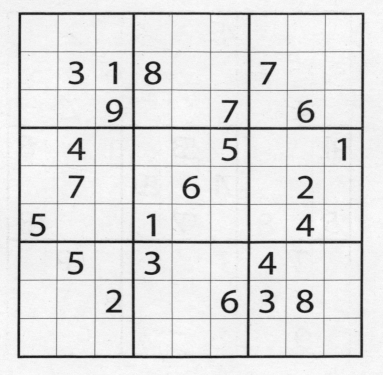

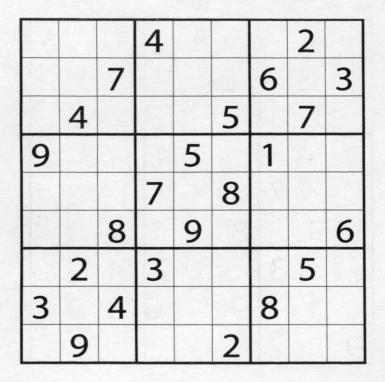

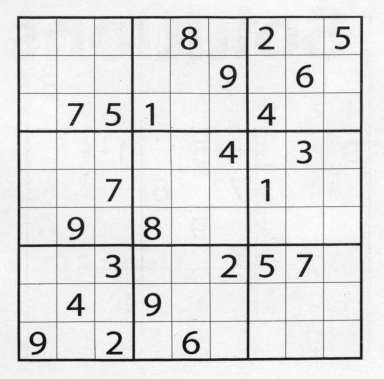

Solutions

Puzzle 1

8	2	6	4	9	1	7	3	5
3	9	5	8	2	7	6	4	1
4	7	1	5	3	6	9	2	8
9	8	7	6	4	3	5	1	2
6	1	4	2	5	8	3	9	7
2	5	3	1	7	9	8	6	4
7	6	8	9	1	2	4	5	3
1	4	9	3	8	5	2	7	6
5	3	2	7	6	4	1	8	9

Puzzle 2

7	9	5	1	3	2	8	4	6
8	6	1	9	7	4	2	3	5
2	3	4	8	5	6	1	7	9
1	4	2	5	9	7	6	8	3
5	8	3	2	6	1	7	9	4
6	7	9	4	8	3	5	1	2
4	5	7	3	2	8	9	6	1
3	2	6	7	1	9	4	5	8
9	1	8	6	4	5	3	2	7

Puzzle 3

3	4	9	5	2	7	8	6	1
2	6	5	1	9	8	4	3	7
1	8	7	6	4	3	5	9	2
8	3	1	9	7	5	2	4	6
5	7	2	4	8	6	3	1	9
6	9	4	3	1	2	7	8	5
4	5	6	2	3	1	9	7	8
9	2	8	7	6	4	1	5	3
7	1	3	8	5	9	6	2	4

Puzzle 4

5	9	1	3	2	4	8	6	7
6	4	8	5	1	7	9	2	3
7	3	2	6	9	8	4	5	1
8	5	7	9	4	1	6	3	2
4	1	9	2	3	6	7	8	5
2	6	3	8	7	5	1	4	9
1	7	5	4	6	2	3	9	8
3	2	4	7	8	9	5	1	6
9	8	6	1	5	3	2	7	4

Puzzle 5

8	4	1	5	2	9	3	7	6
2	5	6	8	7	3	1	9	4
9	3	7	6	1	4	2	5	8
3	1	8	9	6	7	5	4	2
6	9	5	3	4	2	7	8	1
7	2	4	1	5	8	9	6	3
4	8	2	7	9	1	6	3	5
1	6	9	4	3	5	8	2	7
5	7	3	2	8	6	4	1	9

Puzzle 6

6	9	4	5	2	1	8	7	3
8	3	1	7	4	6	2	5	9
7	2	5	3	9	8	1	4	6
9	1	8	6	5	3	4	2	7
2	5	3	8	7	4	6	9	1
4	6	7	2	1	9	5	3	8
3	8	2	9	6	5	7	1	4
5	4	9	1	8	7	3	6	2
1	7	6	4	3	2	9	8	5

Solutions

Puzzle 7

3	6	2	5	1	7	8	4	9
7	8	5	4	9	6	3	1	2
1	9	4	2	8	3	7	5	6
5	7	1	6	3	2	4	9	8
6	4	9	8	7	1	5	2	3
8	2	3	9	5	4	1	6	7
4	3	7	1	2	9	6	8	5
9	1	8	7	6	5	2	3	4
2	5	6	3	4	8	9	7	1

Puzzle 8

9	1	2	4	6	3	7	5	8
4	3	5	8	7	9	6	2	1
7	8	6	2	5	1	4	3	9
3	9	7	5	4	6	1	8	2
6	4	1	3	8	2	9	7	5
5	2	8	9	1	7	3	6	4
2	5	3	7	9	4	8	1	6
8	6	9	1	3	5	2	4	7
1	7	4	6	2	8	5	9	3

Puzzle 9

8	5	2	9	7	1	3	6	4
3	6	9	4	8	2	1	7	5
4	7	1	6	5	3	9	2	8
1	2	3	7	4	6	5	8	9
9	4	5	1	2	8	7	3	6
7	8	6	3	9	5	2	4	1
2	1	4	8	3	9	6	5	7
5	9	8	2	6	7	4	1	3
6	3	7	5	1	4	8	9	2

Puzzle 10

8	2	3	9	1	4	7	6	5
9	5	1	7	6	2	3	8	4
6	7	4	3	8	5	2	1	9
2	3	5	6	7	9	1	4	8
7	6	8	4	2	1	5	9	3
4	1	9	8	5	3	6	2	7
1	8	2	5	4	7	9	3	6
3	4	7	1	9	6	8	5	2
5	9	6	2	3	8	4	7	1

Puzzle 11

1	7	9	3	8	5	2	6	4
8	2	5	6	7	4	3	9	1
3	4	6	2	1	9	7	8	5
7	6	1	5	2	3	9	4	8
5	9	8	4	6	7	1	3	2
2	3	4	1	9	8	5	7	6
6	1	7	8	3	2	4	5	9
4	8	3	9	5	1	6	2	7
9	5	2	7	4	6	8	1	3

Puzzle 12

6	7	2	8	3	4	5	9	1
4	1	8	5	2	9	3	7	6
5	3	9	7	6	1	4	2	8
2	5	3	6	4	7	8	1	9
1	8	4	3	9	2	7	6	5
9	6	7	1	5	8	2	4	3
3	9	6	4	7	5	1	8	2
7	2	1	9	8	3	6	5	4
8	4	5	2	1	6	9	3	7

Puzzle 13

5	3	1	6	4	8	2	9	7
6	7	8	2	5	9	3	1	4
9	2	4	7	1	3	6	8	5
2	6	9	8	3	4	7	5	1
8	1	7	5	2	6	9	4	3
3	4	5	9	7	1	8	6	2
1	9	2	3	8	5	4	7	6
7	5	6	4	9	2	1	3	8
4	8	3	1	6	7	5	2	9

Puzzle 14

3	7	1	2	9	4	5	8	6
8	2	4	7	5	6	3	1	9
5	9	6	8	3	1	4	7	2
1	4	7	5	6	8	2	9	3
2	6	3	4	7	9	8	5	1
9	8	5	3	1	2	6	4	7
4	5	9	1	2	3	7	6	8
6	3	8	9	4	7	1	2	5
7	1	2	6	8	5	9	3	4

Puzzle 15

8	3	9	2	7	4	6	5	1
5	2	4	1	3	6	7	8	9
7	6	1	5	8	9	4	2	3
1	9	7	8	5	3	2	6	4
6	8	3	4	9	2	5	1	7
2	4	5	6	1	7	9	3	8
3	5	2	7	4	1	8	9	6
9	7	8	3	6	5	1	4	2
4	1	6	9	2	8	3	7	5

Puzzle 16

2	9	7	3	1	6	4	8	5
8	1	4	5	2	7	3	6	9
3	6	5	8	9	4	1	7	2
7	2	9	6	4	8	5	1	3
5	8	1	2	7	3	9	4	6
4	3	6	9	5	1	7	2	8
6	7	8	1	3	5	2	9	4
1	5	2	4	6	9	8	3	7
9	4	3	7	8	2	6	5	1

Puzzle 17

9	5	6	3	2	7	8	1	4
3	8	4	1	9	6	2	5	7
1	2	7	8	4	5	3	9	6
2	3	9	7	8	1	4	6	5
8	6	1	4	5	2	7	3	9
7	4	5	6	3	9	1	2	8
5	9	8	2	7	3	6	4	1
6	7	2	5	1	4	9	8	3
4	1	3	9	6	8	5	7	2

Puzzle 18

3	6	7	9	1	2	8	5	4
2	9	5	8	3	4	1	7	6
1	8	4	6	7	5	3	9	2
6	3	9	2	5	1	4	8	7
8	5	1	7	4	6	2	3	9
4	7	2	3	9	8	6	1	5
7	2	3	1	6	9	5	4	8
9	4	8	5	2	3	7	6	1
5	1	6	4	8	7	9	2	3

Puzzle 19

5	1	8	2	3	4	6	9	7
6	7	4	9	5	1	3	2	8
2	3	9	6	7	8	5	4	1
8	5	7	4	6	9	1	3	2
3	9	2	1	8	5	4	7	6
1	4	6	7	2	3	9	8	5
7	2	3	5	9	6	8	1	4
4	8	5	3	1	7	2	6	9
9	6	1	8	4	2	7	5	3

Puzzle 19

Puzzle 20

6	1	2	5	9	4	7	3	8
3	9	8	6	1	7	2	5	4
7	5	4	8	2	3	1	9	6
8	7	5	1	4	6	3	2	9
9	3	6	7	8	2	4	1	5
2	4	1	3	5	9	8	6	7
4	6	3	2	7	5	9	8	1
1	2	9	4	6	8	5	7	3
5	8	7	9	3	1	6	4	2

Puzzle 20

Puzzle 21

9	2	3	4	5	6	1	8	7
6	5	8	1	2	7	4	9	3
1	7	4	3	8	9	2	6	5
2	1	9	8	7	5	3	4	6
4	8	5	6	9	3	7	2	1
7	3	6	2	4	1	8	5	9
3	4	1	9	6	8	5	7	2
8	9	7	5	1	2	6	3	4
5	6	2	7	3	4	9	1	8

Puzzle 21

Puzzle 22

9	5	2	8	6	7	1	3	4
4	6	8	3	1	9	7	2	5
7	1	3	4	5	2	8	9	6
5	8	1	2	3	6	4	7	9
2	4	7	5	9	8	3	6	1
3	9	6	1	7	4	2	5	8
6	3	5	7	8	1	9	4	2
8	2	9	6	4	3	5	1	7
1	7	4	9	2	5	6	8	3

Puzzle 22

Puzzle 23

2	4	9	6	3	8	7	5	1
7	3	8	1	5	4	6	2	9
5	6	1	9	2	7	8	3	4
8	5	3	4	9	6	2	1	7
4	7	6	2	1	3	5	9	8
1	9	2	8	7	5	4	6	3
6	1	5	7	4	9	3	8	2
3	2	4	5	8	1	9	7	6
9	8	7	3	6	2	1	4	5

Puzzle 23

Puzzle 24

4	8	1	3	5	7	9	2	6
5	2	6	4	1	9	8	7	3
9	3	7	8	6	2	5	4	1
8	1	5	9	2	6	7	3	4
7	4	3	5	8	1	6	9	2
2	6	9	7	4	3	1	5	8
6	7	8	2	9	4	3	1	5
1	9	2	6	3	5	4	8	7
3	5	4	1	7	8	2	6	9

Puzzle 24

Solutions

Puzzle 25

6	8	5	9	2	7	4	1	3
4	7	2	5	1	3	9	8	6
3	1	9	6	8	4	7	2	5
2	5	1	3	7	9	6	4	8
8	6	4	1	5	2	3	9	7
7	9	3	4	6	8	2	5	1
9	4	8	7	3	1	5	6	2
5	2	7	8	9	6	1	3	4
1	3	6	2	4	5	8	7	9

Puzzle 26

8	6	2	3	9	4	7	5	1
1	7	5	6	8	2	9	3	4
3	9	4	1	7	5	2	6	8
9	3	7	5	1	8	4	2	6
5	2	1	4	6	7	8	9	3
6	4	8	2	3	9	1	7	5
2	8	3	9	4	6	5	1	7
7	1	9	8	5	3	6	4	2
4	5	6	7	2	1	3	8	9

Puzzle 27

8	1	5	3	7	2	4	6	9
9	4	7	8	1	6	3	5	2
2	3	6	9	5	4	8	7	1
7	9	4	5	2	3	1	8	6
1	6	3	4	8	9	7	2	5
5	8	2	1	6	7	9	4	3
4	2	1	7	9	5	6	3	8
6	7	9	2	3	8	5	1	4
3	5	8	6	4	1	2	9	7

Puzzle 28

4	5	1	9	6	3	8	7	2
9	7	6	8	4	2	5	1	3
3	8	2	5	1	7	9	4	6
5	9	7	2	3	8	4	6	1
6	4	3	1	9	5	7	2	8
1	2	8	4	7	6	3	5	9
2	6	4	3	5	9	1	8	7
7	1	9	6	8	4	2	3	5
8	3	5	7	2	1	6	9	4

Puzzle 29

7	1	2	4	9	8	6	5	3
8	6	5	3	2	7	9	1	4
3	9	4	1	6	5	8	7	2
2	5	3	6	4	1	7	9	8
4	8	6	2	7	9	1	3	5
1	7	9	5	8	3	4	2	6
5	4	8	7	1	2	3	6	9
6	3	7	9	5	4	2	8	1
9	2	1	8	3	6	5	4	7

Puzzle 30

5	6	1	3	7	8	4	9	2
8	3	4	9	1	2	7	5	6
2	9	7	4	6	5	8	1	3
1	4	5	6	8	9	3	2	7
6	8	2	7	5	3	1	4	9
9	7	3	2	4	1	5	6	8
7	1	8	5	9	6	2	3	4
3	5	9	8	2	4	6	7	1
4	2	6	1	3	7	9	8	5

9	5	8	1	4	7	2	3	6
7	2	4	6	3	8	5	1	9
6	1	3	5	9	2	4	7	8
5	4	9	3	8	1	7	6	2
3	8	7	4	2	6	1	9	5
2	6	1	7	5	9	3	8	4
1	9	6	2	7	5	8	4	3
8	3	5	9	1	4	6	2	7
4	7	2	8	6	3	9	5	1

Puzzle 31

9	8	5	2	6	4	3	1	7
2	3	6	8	1	7	4	9	5
7	4	1	3	9	5	2	6	8
1	7	2	6	4	8	9	5	3
5	6	3	9	7	2	8	4	1
4	9	8	5	3	1	6	7	2
8	1	7	4	2	6	5	3	9
6	2	9	1	5	3	7	8	4
3	5	4	7	8	9	1	2	6

Puzzle 32

8	3	6	9	4	2	5	1	7
5	7	4	1	6	3	2	8	9
9	1	2	5	8	7	3	4	6
6	2	1	3	7	4	8	9	5
3	9	7	8	5	1	4	6	2
4	5	8	2	9	6	7	3	1
1	6	3	7	2	8	9	5	4
2	8	5	4	1	9	6	7	3
7	4	9	6	3	5	1	2	8

Puzzle 33

7	4	2	1	8	5	6	3	9
5	9	3	4	6	2	7	1	8
6	1	8	9	7	3	2	5	4
3	5	4	2	1	7	8	9	6
1	6	7	8	4	9	3	2	5
2	8	9	3	5	6	1	4	7
4	2	1	7	9	8	5	6	3
8	3	6	5	2	4	9	7	1
9	7	5	6	3	1	4	8	2

Puzzle 34

8	9	5	4	2	6	3	7	1
2	6	3	5	1	7	9	8	4
4	7	1	8	9	3	2	5	6
1	3	8	2	6	9	7	4	5
6	4	7	3	5	1	8	9	2
9	5	2	7	8	4	1	6	3
7	1	4	6	3	8	5	2	9
5	8	9	1	4	2	6	3	7
3	2	6	9	7	5	4	1	8

Puzzle 35

8	3	6	5	7	2	1	4	9
9	4	2	1	8	6	3	5	7
5	1	7	9	4	3	8	6	2
6	2	8	3	5	4	7	9	1
3	5	1	2	9	7	6	8	4
4	7	9	8	6	1	5	2	3
7	9	5	4	1	8	2	3	6
2	6	4	7	3	5	9	1	8
1	8	3	6	2	9	4	7	5

Puzzle 36

Puzzle 37

1	4	5	2	3	9	8	7	6
8	2	6	7	1	4	9	3	5
7	9	3	5	6	8	2	1	4
6	5	1	4	8	2	3	9	7
9	7	4	3	5	1	6	2	8
2	3	8	9	7	6	4	5	1
3	8	9	1	4	5	7	6	2
4	1	2	6	9	7	5	8	3
5	6	7	8	2	3	1	4	9

Puzzle 38

9	5	4	7	1	2	6	8	3
6	7	8	3	5	4	1	2	9
2	1	3	9	6	8	5	7	4
3	2	5	4	7	6	8	9	1
8	6	7	5	9	1	4	3	2
1	4	9	2	8	3	7	5	6
7	9	6	1	2	5	3	4	8
4	8	2	6	3	7	9	1	5
5	3	1	8	4	9	2	6	7

Puzzle 39

7	9	6	1	5	2	8	4	3
8	4	2	3	9	7	6	5	1
1	3	5	8	6	4	9	7	2
4	6	1	5	8	9	2	3	7
5	8	7	2	1	3	4	9	6
9	2	3	7	4	6	1	8	5
3	7	8	9	2	1	5	6	4
6	1	9	4	3	5	7	2	8
2	5	4	6	7	8	3	1	9

Puzzle 40

9	4	5	2	6	8	7	1	3
2	7	8	9	1	3	6	5	4
1	3	6	7	5	4	2	8	9
3	8	4	5	2	7	1	9	6
7	9	1	3	4	6	8	2	5
5	6	2	8	9	1	4	3	7
8	1	7	6	3	5	9	4	2
6	5	9	4	8	2	3	7	1
4	2	3	1	7	9	5	6	8

Puzzle 41

6	8	1	2	4	5	3	9	7
7	2	9	3	8	6	1	4	5
3	5	4	1	7	9	6	8	2
8	4	3	5	6	2	7	1	9
5	9	7	4	3	1	8	2	6
1	6	2	7	9	8	4	5	3
4	1	6	9	5	7	2	3	8
2	7	5	8	1	3	9	6	4
9	3	8	6	2	4	5	7	1

Puzzle 42

2	4	3	9	5	1	7	6	8
7	1	6	4	8	3	5	9	2
9	8	5	6	7	2	1	3	4
6	7	1	8	3	4	2	5	9
4	3	9	2	6	5	8	7	1
5	2	8	7	1	9	6	4	3
1	9	7	5	4	8	3	2	6
3	5	2	1	9	6	4	8	7
8	6	4	3	2	7	9	1	5

Puzzle 43

2	1	7	4	6	9	5	8	3
6	5	8	3	7	2	9	1	4
3	4	9	1	8	5	7	2	6
8	7	3	5	9	4	1	6	2
1	9	6	8	2	7	3	4	5
5	2	4	6	3	1	8	7	9
4	3	2	7	5	8	6	9	1
9	8	5	2	1	6	4	3	7
7	6	1	9	4	3	2	5	8

Puzzle 44

8	2	7	5	4	6	3	9	1
6	9	5	1	3	7	4	8	2
1	3	4	2	8	9	7	5	6
9	1	2	3	7	4	5	6	8
4	6	3	8	5	1	2	7	9
5	7	8	9	6	2	1	4	3
3	8	6	4	1	5	9	2	7
2	4	1	7	9	8	6	3	5
7	5	9	6	2	3	8	1	4

Puzzle 45

6	9	8	7	1	5	3	2	4
7	3	2	9	8	4	5	1	6
1	4	5	2	3	6	7	8	9
9	5	4	6	2	1	8	7	3
8	7	1	4	9	3	2	6	5
3	2	6	8	5	7	9	4	1
2	8	3	1	4	9	6	5	7
4	6	9	5	7	8	1	3	2
5	1	7	3	6	2	4	9	8

Puzzle 46

3	7	6	1	2	8	9	4	5
8	2	4	5	3	9	1	6	7
9	5	1	7	4	6	8	2	3
2	9	3	6	7	4	5	8	1
5	1	7	2	8	3	6	9	4
6	4	8	9	1	5	7	3	2
4	6	5	3	9	1	2	7	8
1	3	2	8	6	7	4	5	9
7	8	9	4	5	2	3	1	6

Puzzle 47

3	4	1	7	6	9	8	2	5
9	7	2	1	8	5	6	4	3
5	8	6	3	4	2	1	7	9
4	9	5	2	1	3	7	8	6
1	3	8	6	5	7	2	9	4
6	2	7	4	9	8	3	5	1
8	1	4	5	7	6	9	3	2
2	6	9	8	3	4	5	1	7
7	5	3	9	2	1	4	6	8

Puzzle 48

4	2	1	7	9	5	3	8	6
8	7	5	2	6	3	4	9	1
3	6	9	1	8	4	7	2	5
5	9	8	4	2	6	1	3	7
2	1	7	5	3	9	8	6	4
6	3	4	8	7	1	2	5	9
9	8	6	3	1	7	5	4	2
1	5	3	6	4	2	9	7	8
7	4	2	9	5	8	6	1	3

Puzzle 49

4	8	9	1	2	3	6	5	7
5	6	7	9	4	8	2	1	3
1	2	3	5	7	6	9	4	8
3	7	4	8	1	2	5	9	6
8	5	2	7	6	9	1	3	4
6	9	1	3	5	4	7	8	2
2	4	5	6	8	1	3	7	9
7	3	8	2	9	5	4	6	1
9	1	6	4	3	7	8	2	5

Puzzle 50

6	8	4	2	9	5	3	7	1
2	1	9	4	3	7	8	6	5
5	7	3	6	8	1	4	2	9
8	4	6	5	1	2	9	3	7
7	3	2	9	6	8	1	5	4
1	9	5	3	7	4	2	8	6
4	6	7	8	2	9	5	1	3
9	2	1	7	5	3	6	4	8
3	5	8	1	4	6	7	9	2

Puzzle 51

3	2	6	8	9	4	7	5	1
4	7	8	1	3	5	2	6	9
9	1	5	7	2	6	8	3	4
5	3	9	4	1	7	6	2	8
2	4	7	6	8	9	3	1	5
8	6	1	3	5	2	9	4	7
6	8	3	9	4	1	5	7	2
7	5	4	2	6	8	1	9	3
1	9	2	5	7	3	4	8	6

Puzzle 52

3	7	8	4	6	2	5	9	1
2	4	9	5	1	3	6	7	8
1	5	6	7	9	8	2	3	4
5	8	7	1	2	6	9	4	3
6	3	1	9	8	4	7	2	5
9	2	4	3	5	7	1	8	6
8	9	2	6	4	1	3	5	7
7	1	5	8	3	9	4	6	2
4	6	3	2	7	5	8	1	9

Puzzle 53

4	6	7	5	3	1	9	8	2
2	3	1	9	6	8	7	5	4
5	9	8	2	7	4	6	3	1
9	1	2	7	8	3	4	6	5
7	4	5	6	9	2	8	1	3
3	8	6	1	4	5	2	9	7
1	7	4	8	5	6	3	2	9
6	5	3	4	2	9	1	7	8
8	2	9	3	1	7	5	4	6

Puzzle 54

1	3	8	6	4	2	9	7	5
5	9	4	3	8	7	6	2	1
7	6	2	1	5	9	3	8	4
2	7	3	9	1	5	4	6	8
4	5	9	8	6	3	2	1	7
6	8	1	2	7	4	5	9	3
8	4	7	5	2	6	1	3	9
9	1	6	4	3	8	7	5	2
3	2	5	7	9	1	8	4	6

Puzzle 55

1	4	8	7	5	2	3	9	6
6	5	9	8	4	3	1	7	2
2	7	3	1	6	9	8	5	4
5	3	1	2	8	6	9	4	7
7	9	4	5	3	1	2	6	8
8	2	6	9	7	4	5	1	3
3	1	7	6	2	5	4	8	9
4	8	5	3	9	7	6	2	1
9	6	2	4	1	8	7	3	5

Puzzle 56

9	8	3	1	6	7	4	2	5
7	2	1	5	9	4	8	3	6
5	6	4	3	8	2	1	9	7
4	3	6	9	7	5	2	1	8
2	9	8	6	3	1	5	7	4
1	7	5	2	4	8	9	6	3
3	4	7	8	2	9	6	5	1
6	5	2	4	1	3	7	8	9
8	1	9	7	5	6	3	4	2

Puzzle 57

3	1	8	2	7	6	9	4	5
5	2	6	9	4	8	3	1	7
4	7	9	5	1	3	6	2	8
8	4	3	6	2	9	5	7	1
2	9	1	7	8	5	4	6	3
7	6	5	1	3	4	8	9	2
9	5	7	8	6	1	2	3	4
1	8	4	3	9	2	7	5	6
6	3	2	4	5	7	1	8	9

Puzzle 58

3	7	2	1	4	8	9	6	5
9	5	8	6	3	7	2	1	4
1	4	6	5	9	2	3	7	8
6	9	3	2	8	5	1	4	7
8	1	7	9	6	4	5	3	2
4	2	5	3	7	1	8	9	6
7	8	1	4	5	3	6	2	9
2	6	4	8	1	9	7	5	3
5	3	9	7	2	6	4	8	1

Puzzle 59

2	8	6	3	5	4	7	9	1
1	5	7	2	9	8	4	3	6
3	9	4	6	7	1	2	5	8
5	6	9	4	8	3	1	2	7
4	3	8	7	1	2	5	6	9
7	2	1	5	6	9	3	8	4
6	1	2	8	4	5	9	7	3
8	4	5	9	3	7	6	1	2
9	7	3	1	2	6	8	4	5

Puzzle 60

8	1	2	6	5	3	4	7	9
6	9	5	2	4	7	1	3	8
7	3	4	1	9	8	5	2	6
9	2	7	4	1	5	8	6	3
4	5	8	3	6	9	7	1	2
3	6	1	7	8	2	9	5	4
2	4	3	9	7	1	6	8	5
1	8	9	5	2	6	3	4	7
5	7	6	8	3	4	2	9	1

Solutions

Puzzle 61

7	1	2	9	4	3	8	6	5
6	3	5	1	8	7	2	9	4
4	8	9	5	2	6	7	3	1
9	5	6	4	7	1	3	2	8
2	4	3	8	9	5	6	1	7
1	7	8	6	3	2	4	5	9
8	2	7	3	1	9	5	4	6
5	9	4	2	6	8	1	7	3
3	6	1	7	5	4	9	8	2

Puzzle 62

5	9	4	8	2	3	1	7	6
6	3	7	9	1	5	2	8	4
2	1	8	7	6	4	3	9	5
1	2	9	4	5	6	7	3	8
4	7	6	3	8	9	5	2	1
8	5	3	1	7	2	6	4	9
9	4	5	2	3	1	8	6	7
3	8	1	6	9	7	4	5	2
7	6	2	5	4	8	9	1	3

Puzzle 63

5	7	9	8	3	1	4	6	2
4	6	8	2	5	9	7	1	3
2	3	1	4	6	7	8	5	9
1	5	4	7	9	2	6	3	8
6	9	3	5	8	4	2	7	1
8	2	7	6	1	3	5	9	4
7	1	5	3	4	8	9	2	6
3	4	2	9	7	6	1	8	5
9	8	6	1	2	5	3	4	7

Puzzle 64

3	5	2	4	1	6	8	9	7
1	4	6	9	7	8	3	5	2
8	7	9	3	5	2	4	1	6
7	9	3	8	2	4	5	6	1
5	1	4	6	9	7	2	3	8
2	6	8	1	3	5	7	4	9
4	8	5	2	6	9	1	7	3
6	3	7	5	8	1	9	2	4
9	2	1	7	4	3	6	8	5

Puzzle 65

2	8	9	6	1	4	5	3	7
3	5	6	2	7	8	1	9	4
4	7	1	3	5	9	8	6	2
7	6	5	4	9	2	3	1	8
8	4	3	7	6	1	2	5	9
1	9	2	8	3	5	7	4	6
9	1	7	5	2	6	4	8	3
6	3	8	1	4	7	9	2	5
5	2	4	9	8	3	6	7	1

Puzzle 66

5	4	8	7	3	1	6	9	2
1	9	6	2	4	5	8	7	3
7	3	2	8	6	9	1	5	4
2	8	7	3	5	4	9	1	6
4	1	3	6	9	8	7	2	5
9	6	5	1	7	2	3	4	8
3	5	4	9	8	7	2	6	1
6	2	9	4	1	3	5	8	7
8	7	1	5	2	6	4	3	9

Puzzle 67

5	6	1	8	3	9	4	7	2
4	7	9	1	2	5	3	6	8
3	8	2	4	7	6	5	9	1
2	4	6	3	9	7	8	1	5
7	3	5	2	8	1	6	4	9
1	9	8	6	5	4	2	3	7
8	2	7	9	4	3	1	5	6
9	1	4	5	6	2	7	8	3
6	5	3	7	1	8	9	2	4

Puzzle 68

6	3	7	1	9	5	8	4	2
4	2	8	7	6	3	5	9	1
5	1	9	2	8	4	6	3	7
8	7	4	3	5	2	1	6	9
3	9	6	4	1	8	2	7	5
1	5	2	9	7	6	4	8	3
7	4	5	6	3	1	9	2	8
9	6	1	8	2	7	3	5	4
2	8	3	5	4	9	7	1	6

Puzzle 69

3	7	9	6	5	2	8	1	4
4	2	6	1	3	8	7	9	5
8	5	1	4	7	9	2	3	6
9	3	5	8	4	7	1	6	2
2	1	7	5	6	3	4	8	9
6	8	4	2	9	1	5	7	3
1	4	3	7	2	6	9	5	8
7	6	2	9	8	5	3	4	1
5	9	8	3	1	4	6	2	7

Puzzle 70

8	9	5	7	4	2	3	6	1
1	2	7	3	8	6	9	4	5
3	6	4	9	5	1	7	2	8
2	3	6	8	9	5	4	1	7
5	7	1	6	3	4	2	8	9
9	4	8	2	1	7	5	3	6
4	8	2	5	6	9	1	7	3
6	1	9	4	7	3	8	5	2
7	5	3	1	2	8	6	9	4

Puzzle 71

3	5	6	1	8	9	7	4	2
8	2	1	4	7	3	5	6	9
4	9	7	5	6	2	8	3	1
9	4	5	7	2	1	3	8	6
7	8	2	6	3	5	9	1	4
6	1	3	8	9	4	2	7	5
5	3	8	9	4	6	1	2	7
2	6	9	3	1	7	4	5	8
1	7	4	2	5	8	6	9	3

Puzzle 72

2	9	5	1	6	7	8	4	3
8	7	3	9	4	2	6	5	1
6	1	4	3	8	5	7	9	2
5	2	6	8	7	4	3	1	9
3	4	9	6	2	1	5	8	7
7	8	1	5	9	3	2	6	4
9	3	8	2	1	6	4	7	5
4	6	2	7	5	9	1	3	8
1	5	7	4	3	8	9	2	6

6	2	7	1	9	3	5	8	4
8	1	4	5	2	6	9	3	7
9	3	5	4	8	7	1	2	6
7	4	9	3	1	8	6	5	2
2	5	1	7	6	4	3	9	8
3	8	6	2	5	9	4	7	1
4	7	8	6	3	5	2	1	9
1	6	3	9	7	2	8	4	5
5	9	2	8	4	1	7	6	3

Puzzle 73

5	6	4	1	9	8	2	3	7
9	3	7	4	6	2	1	8	5
8	1	2	5	3	7	6	4	9
4	9	6	2	8	1	5	7	3
1	7	8	6	5	3	9	2	4
2	5	3	7	4	9	8	6	1
3	4	9	8	2	5	7	1	6
7	2	5	3	1	6	4	9	8
6	8	1	9	7	4	3	5	2

Puzzle 74

9	8	7	3	5	2	1	6	4
3	5	1	4	9	6	7	2	8
4	2	6	7	8	1	3	5	9
2	7	4	8	6	3	5	9	1
5	3	9	2	1	4	8	7	6
6	1	8	9	7	5	2	4	3
8	4	3	6	2	7	9	1	5
7	6	5	1	3	9	4	8	2
1	9	2	5	4	8	6	3	7

Puzzle 75

8	7	1	2	9	6	3	4	5
9	4	3	1	5	7	8	2	6
6	5	2	8	3	4	9	7	1
3	1	4	9	2	5	6	8	7
2	6	8	3	7	1	4	5	9
5	9	7	4	6	8	1	3	2
7	3	6	5	4	9	2	1	8
4	8	9	7	1	2	5	6	3
1	2	5	6	8	3	7	9	4

Puzzle 76

8	7	3	9	6	5	4	2	1
9	4	5	3	1	2	7	8	6
2	6	1	7	4	8	3	5	9
4	1	7	2	8	9	6	3	5
3	2	6	5	7	1	9	4	8
5	9	8	4	3	6	2	1	7
1	3	4	6	5	7	8	9	2
6	5	2	8	9	3	1	7	4
7	8	9	1	2	4	5	6	3

Puzzle 77

1	3	7	8	9	2	4	5	6
6	5	8	1	4	7	9	3	2
2	9	4	6	3	5	8	7	1
4	8	9	2	7	3	6	1	5
3	6	5	4	1	8	2	9	7
7	1	2	5	6	9	3	4	8
5	7	6	3	2	4	1	8	9
8	2	3	9	5	1	7	6	4
9	4	1	7	8	6	5	2	3

Puzzle 78

Puzzle 79

9	6	5	3	4	2	8	7	1
7	3	4	9	8	1	6	5	2
2	1	8	5	7	6	4	9	3
6	7	9	2	1	3	5	8	4
1	8	2	4	5	9	7	3	6
4	5	3	7	6	8	2	1	9
8	9	6	1	2	5	3	4	7
5	4	1	6	3	7	9	2	8
3	2	7	8	9	4	1	6	5

Puzzle 80

4	5	7	3	6	9	1	8	2
6	3	1	4	2	8	7	9	5
9	8	2	5	1	7	3	6	4
2	4	3	9	7	6	8	5	1
5	7	8	1	4	3	6	2	9
1	6	9	2	8	5	4	3	7
7	1	6	8	9	2	5	4	3
3	9	4	6	5	1	2	7	8
8	2	5	7	3	4	9	1	6

Puzzle 81

7	2	9	8	4	6	5	3	1
6	4	3	1	7	5	2	9	8
1	5	8	3	9	2	4	7	6
2	9	7	4	3	8	6	1	5
8	3	5	2	6	1	7	4	9
4	6	1	9	5	7	8	2	3
5	7	4	6	1	3	9	8	2
9	1	2	5	8	4	3	6	7
3	8	6	7	2	9	1	5	4

Puzzle 82

8	2	3	9	4	1	7	5	6
7	9	5	6	8	2	1	3	4
1	6	4	5	7	3	8	9	2
9	8	2	3	6	7	5	4	1
3	5	6	2	1	4	9	7	8
4	7	1	8	9	5	6	2	3
6	4	8	7	3	9	2	1	5
2	1	9	4	5	6	3	8	7
5	3	7	1	2	8	4	6	9

Puzzle 83

9	4	1	5	3	6	2	7	8
2	3	7	1	9	8	4	6	5
8	6	5	7	2	4	3	1	9
1	5	6	4	7	2	9	8	3
4	9	8	6	5	3	1	2	7
7	2	3	8	1	9	6	5	4
5	7	4	9	6	1	8	3	2
6	8	2	3	4	7	5	9	1
3	1	9	2	8	5	7	4	6

Puzzle 84

6	1	7	9	2	5	4	8	3
5	4	3	8	7	1	9	6	2
2	9	8	3	4	6	5	7	1
1	5	4	6	8	9	3	2	7
3	7	6	4	5	2	8	1	9
9	8	2	7	1	3	6	5	4
4	6	5	2	3	7	1	9	8
8	2	9	1	6	4	7	3	5
7	3	1	5	9	8	2	4	6

Puzzle 85

8	5	6	9	3	4	2	1	7
7	4	9	5	2	1	3	8	6
1	2	3	6	7	8	5	9	4
6	1	5	2	8	3	7	4	9
9	8	2	4	5	7	1	6	3
3	7	4	1	6	9	8	2	5
2	6	8	7	9	5	4	3	1
5	9	1	3	4	2	6	7	8
4	3	7	8	1	6	9	5	2

Puzzle 86

3	7	4	8	6	9	2	5	1
1	8	2	3	5	7	9	4	6
9	5	6	1	4	2	3	8	7
5	3	9	7	1	6	4	2	8
7	2	8	9	3	4	1	6	5
4	6	1	2	8	5	7	3	9
8	4	3	6	9	1	5	7	2
2	1	5	4	7	8	6	9	3
6	9	7	5	2	3	8	1	4

Puzzle 87

5	8	6	2	7	4	3	9	1
4	2	1	3	8	9	6	5	7
7	9	3	5	1	6	4	8	2
8	7	9	4	2	5	1	3	6
3	1	5	6	9	7	8	2	4
6	4	2	1	3	8	5	7	9
2	5	8	7	4	1	9	6	3
9	3	4	8	6	2	7	1	5
1	6	7	9	5	3	2	4	8

Puzzle 88

1	7	2	6	8	9	3	5	4
6	4	5	7	2	3	1	8	9
8	9	3	1	5	4	7	6	2
5	2	1	3	7	6	4	9	8
9	3	7	8	4	2	6	1	5
4	6	8	9	1	5	2	3	7
7	1	6	2	9	8	5	4	3
3	8	4	5	6	7	9	2	1
2	5	9	4	3	1	8	7	6

Puzzle 89

9	8	7	3	4	2	6	1	5
4	5	6	9	1	7	8	3	2
2	1	3	5	8	6	4	9	7
3	7	1	4	2	8	9	5	6
6	2	5	7	3	9	1	4	8
8	9	4	6	5	1	2	7	3
7	4	8	2	9	5	3	6	1
5	3	2	1	6	4	7	8	9
1	6	9	8	7	3	5	2	4

Puzzle 90

4	9	5	3	7	2	6	1	8
8	1	2	5	4	6	3	7	9
3	6	7	1	9	8	2	4	5
1	3	6	4	8	5	9	2	7
5	8	9	2	6	7	1	3	4
2	7	4	9	1	3	5	8	6
7	4	3	6	2	9	8	5	1
6	5	1	8	3	4	7	9	2
9	2	8	7	5	1	4	6	3

Puzzle 91

6	7	8	9	5	2	3	4	1
1	5	3	7	4	8	6	2	9
4	9	2	3	1	6	8	5	7
9	8	6	1	2	5	4	7	3
3	4	1	6	7	9	2	8	5
5	2	7	4	8	3	1	9	6
7	3	4	2	9	1	5	6	8
8	1	9	5	6	4	7	3	2
2	6	5	8	3	7	9	1	4

Puzzle 92

6	1	2	8	9	7	3	4	5
5	3	8	1	4	2	6	9	7
7	4	9	3	5	6	2	8	1
4	2	6	5	1	8	7	3	9
1	9	5	7	3	4	8	2	6
3	8	7	2	6	9	1	5	4
2	6	1	4	8	5	9	7	3
8	5	3	9	7	1	4	6	2
9	7	4	6	2	3	5	1	8

Puzzle 93

7	8	3	9	5	2	1	6	4
9	4	1	6	7	3	2	8	5
5	6	2	4	1	8	3	9	7
6	3	5	7	4	1	9	2	8
1	2	7	8	9	5	4	3	6
4	9	8	3	2	6	7	5	1
2	7	9	5	6	4	8	1	3
8	5	4	1	3	9	6	7	2
3	1	6	2	8	7	5	4	9

Puzzle 94

3	6	7	4	8	5	9	1	2
9	4	2	1	7	3	5	8	6
8	1	5	2	6	9	7	3	4
7	9	6	8	2	4	1	5	3
2	3	1	5	9	6	8	4	7
5	8	4	7	3	1	2	6	9
4	7	9	3	1	8	6	2	5
6	5	8	9	4	2	3	7	1
1	2	3	6	5	7	4	9	8

Puzzle 95

9	2	6	8	7	1	5	3	4
7	8	1	3	5	4	2	6	9
3	5	4	9	6	2	7	1	8
5	1	8	2	4	3	6	9	7
6	7	9	5	1	8	4	2	3
2	4	3	7	9	6	8	5	1
1	3	5	6	8	7	9	4	2
4	6	7	1	2	9	3	8	5
8	9	2	4	3	5	1	7	6

Puzzle 96

9	3	7	8	1	5	6	2	4
8	4	1	9	2	6	3	7	5
2	5	6	3	7	4	1	9	8
1	8	9	7	4	3	2	5	6
7	6	3	2	5	8	9	4	1
4	2	5	1	6	9	8	3	7
5	9	2	4	8	1	7	6	3
6	7	8	5	3	2	4	1	9
3	1	4	6	9	7	5	8	2

Puzzle 97

1	3	6	5	9	4	7	8	2
7	5	9	3	2	8	1	6	4
2	8	4	7	6	1	5	3	9
4	1	8	2	3	5	9	7	6
6	2	7	1	8	9	3	4	5
5	9	3	4	7	6	2	1	8
3	7	5	6	4	2	8	9	1
8	6	2	9	1	3	4	5	7
9	4	1	8	5	7	6	2	3

Puzzle 98

7	2	5	6	3	1	8	9	4
6	3	1	8	4	9	7	5	2
4	8	9	2	5	7	1	6	3
2	4	6	7	8	5	9	3	1
1	7	3	9	6	4	5	2	8
5	9	8	1	2	3	6	4	7
8	5	7	3	9	2	4	1	6
9	1	2	4	7	6	3	8	5
3	6	4	5	1	8	2	7	9

Puzzle 99

6	1	9	4	3	7	5	2	8
5	8	7	9	2	1	6	4	3
2	4	3	8	6	5	9	7	1
9	7	2	6	5	3	1	8	4
4	3	6	7	1	8	2	9	5
1	5	8	2	9	4	7	3	6
7	2	1	3	8	6	4	5	9
3	6	4	5	7	9	8	1	2
8	9	5	1	4	2	3	6	7

Puzzle 100

4	3	9	6	8	7	2	1	5
2	1	8	5	4	9	7	6	3
6	7	5	1	2	3	4	9	8
1	8	6	2	5	4	9	3	7
5	2	7	3	9	6	1	8	4
3	9	4	8	7	1	6	5	2
8	6	3	4	1	2	5	7	9
7	4	1	9	3	5	8	2	6
9	5	2	7	6	8	3	4	1

Also available from Guardian Books

Araucaria's Monkey Puzzles Volume One - ISBN 1843540045 - £5.99

Araucaria's Monkey Puzzles Volume Two - ISBN 1843542617 - £6.99

Cryptic Crosswords Volume One - ISBN 1843542269 - £5.99

Cryptic Crosswords Volume Two - ISBN 184354251X - £6.99

Quick Croswords Volume One - ISBN 1843540053 - £6.99

Quick Crosswords Volume Two - ISBN 184354038X - £6.99

Quick Crosswords Volume Three - ISBN 1843540541 - £6.99